Alexandra Peters

Das Karussell meiner Gefühle

© 2014 Alexandra Peters

Illustration: **Ana Alexander**

Herstellung und Verlag:
BoD – Books on Demand, Norderstedt

ISBN: 978-3-7357-**73928-5**

Inhalt

PRO & KONTRA

Schenke mir den ...
vorletzten Gedanken ...
jeden Tages ...

Die Gedanken   ...
zu weit ...
um sie zu träumen   ...

Zeig mir das Wort ...
was mich ...
beim Denken überholt ...

Die Realität   ...
zu hart ...
um sie anzulächeln   ...

Entblöse mein ...
Ganzes ich ...
mit nackten Worten ...

Die Liebe   ...
zu falsch ...
um sie zu leben   ...

Gib mir den Traum ...
den ich vergessen habe ...
zu erleben ...

Was bleibt   ...
ausser NIX   ...
um sich fallen zu lassen   ...

Die Magie der Stunde

Die Magie der Stunde ... ist zerbrochen

sie schmeckt nach Abschied ... bitter

Der Augenblick gehört nicht mehr ... nur mir alleine

Die Realität ... lässt nichts mehr zu

Weder Träume ... noch Gedanken

Die Magie der Stunde ... ist verschwunden

sie schmeckt nach Traurigkeit ... nach Gift

Dein Herz gehört nicht mehr ... nur mir alleine

Das Leben ... stellt neue Barrieren auf

Der Weg zu Dir ist nun ... endgültig versperrt.

Die Magie der Stunde ... haben wir verlassen

sie schmeckt nach Fremd ... und anders

Die Liebe ... unsere Liebe ... damit auch

Die Zukunft ... meine oder Deine

Geht nun - für immer ... andere Wege.

Farben des Frühlings ...

Werde Dich ... wieder zurück lieben
Dich aus Deinem Frühlingsschlaf erwecken
und Dir auf den Rosenblätter ... meine Träume verschicken.
Ich malte Dich bereits ... in den Farben meiner Liebe
Es fehlt nur noch die Farbe ... Deines Blickes
was mich durchdringt und meine Begierde anstachelt
Lege die Farben der Spannung ... gemischt mit der Sehnsucht
noch ein Tropfen Lust dazu
zwei Einheiten Erfolg (über mich und meine Gedanken)
und noch eine Einheit liebevolle Frechheit
damit die Langeweile ... uns nicht verblassen lässt.
Dann leg die Farbe der Sonne ... in Deinem Herzen dazu
und lass es erwachen
Lass es Dein Blut und Deine männliche Gier
ohne Gewissensqualen ... lebendig werden
Lass den Tag ... zur Nacht werden
und liebe die Unendlichkeit ... unserer Spannung
bis wir beide den Verstand verlieren
bis unser Atem ...
unsere Körper wie lebendiges Wasser durchfließen
bis wir beide sehen
dass unsere Körper zu unseren Seelen wird
verführerisch und gefährlich zugleich
... in einer fremden Galaxie
... in einer anderen Zeit
... in einem anderen Frühling

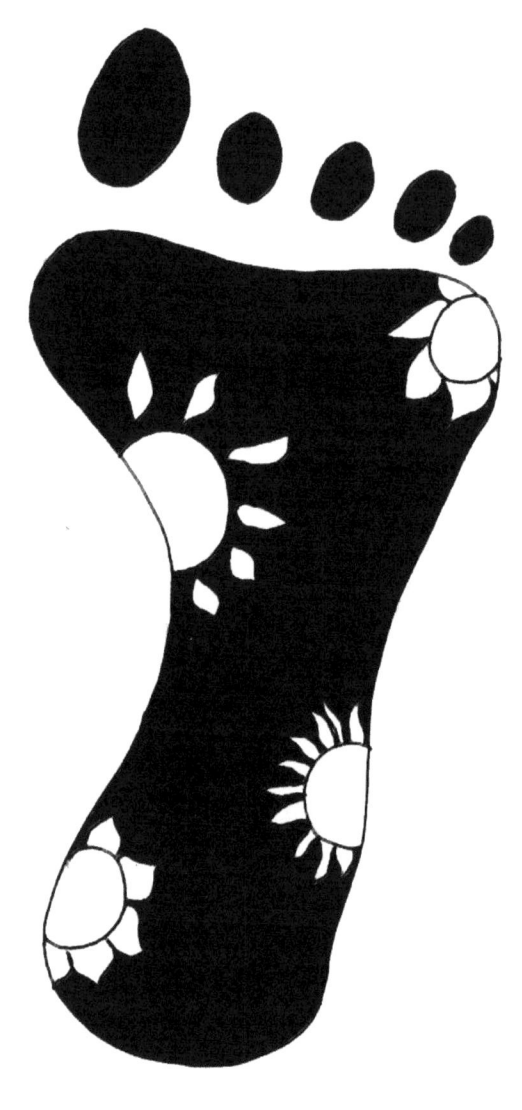

Alles möglich ...

Es ist ... alles möglich
sogar die Zeit ... anzuhalten
aus Sekunden Minuten Stunden Tage
werden zu lassen ...
(ohne Spuren die verbleiben)

Es ist ... alles möglich
sogar das Verbotene - das Unmögliche
zu erlauben
Hirngespinste zu verbannen ...
(ohne zu fragen warum)

Es ist alles möglich
sogar in seinen Träumen
zu leben ... und erleben
ohne die Realität anzuhalten ...
(wie viele sind denn wohl erlaubt?)

Es ist alles möglich
sogar aus dunklen Morgenträumen
die Angst und Zweifel
zu verschütten und ...
(die Sonne dabei scheinen zu lasse)

Es ist alles möglich
sogar aus sich selbst ... sich zu erheben
und Schritt für Schritt
einen neuen Weg zu gehen ...
(ohne diese zu zählen)

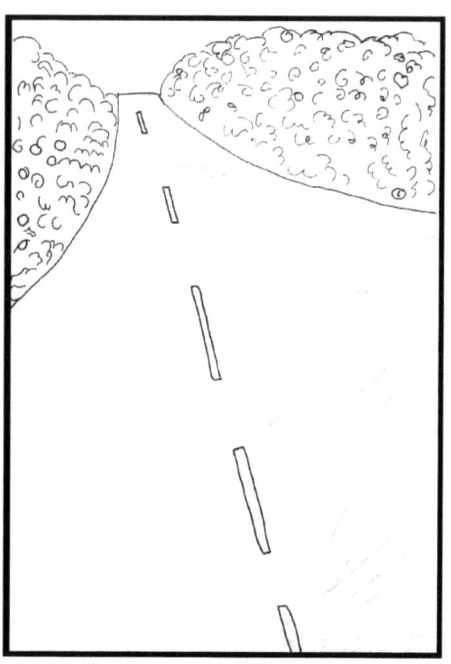

Einbahnstrasse

Die Seele weint ... das Herz, es zittert
Habe aufgeräumt ... sogar mich selbst
in mir ... ruhend
Stehe wie immer ... vor diesem Kreisverkehr
in dem ich mich ... nur drehe
Ohne Anfang und noch mehr
... ohne Ende ...
Halte bitte diese Zeit an
... und hole mich da sofort raus
Führe mich ... auf einen anderen Weg
auf die Wellen des Lebens ... treibend
auf Kämmen ... schäumend
Sogar auf einer Einbahnstrasse ...
Lasse mich ... meinen Verstand verlieren
Still und schweigend ... fraglos
auch nur für fünf Minuten ... klaglos
getragen ... von der Liebe ...
Mixe mir ... dein Cocktail
Ein Gemisch aus Lust und Laune
hinreißend ... unvernünftig
flüsternd ... verlockend
und als Zugabe ... (d)ein kleines Herz
Leiden ... schaffende Leidenschaft
Erfüllung ... unserer Begierde
Ich schmecke anders ... wenn du gehst
Laufe mir ... fünf Schritte hinterher
und sollte ich umdrehen wollen
Einbahnstrasse ohne Rückkehr
... auf diesem neuen Weg
... in dieser neuen Zeit

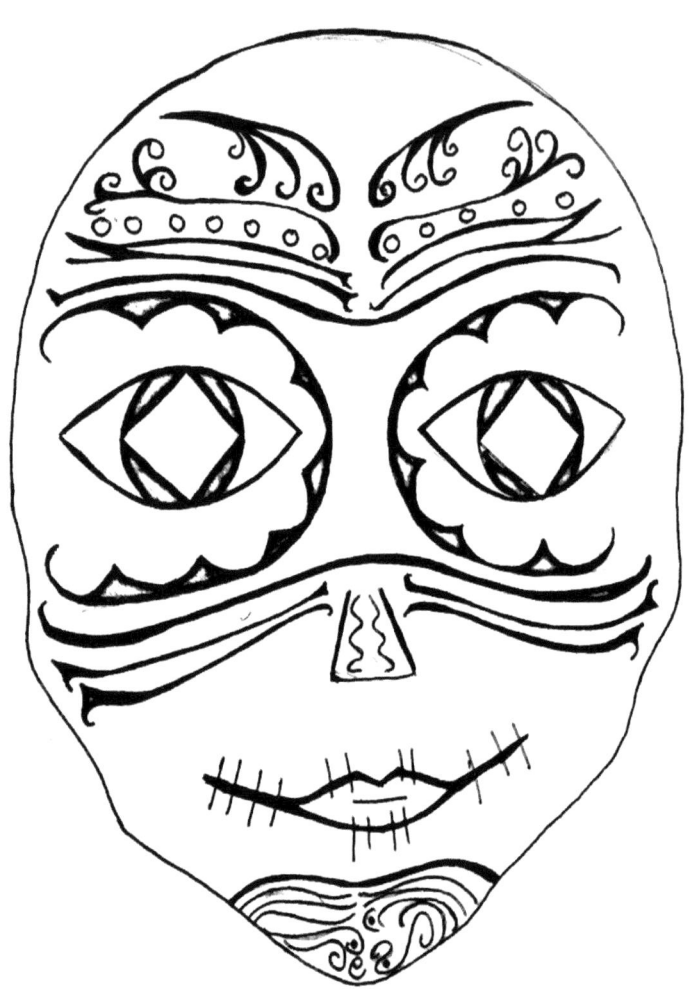

La petite mort

Verloren in Zeit und Raum ...
nur Wind und Haar in den Augen
mit leeren Taschen ...
mit nichts ausser kalten Händen.
In tiefster Nacht ... Dich neu zu entdecken
und doch ... mit der Sehnsucht
nach noch nicht ... unverwirklichten Reisen
Die Reisen ... mit und durch den Körper.

Die Nacht kommt ... mit Dir
nur um meine Seele zu bezwingen ...
Du wirst ... ohne zu wollen
die ganze Melancholie - meines Begehrens
den Blues in meinem Blut
alles nur für ...
die Emotion eines Augenblickes – spüren.

Wie Federwolken ... gleiten deine Finger
Entlang des Raumes ...
eines Dir noch nicht bekannten Körpers
Dein Daumen öffnet sanft ...
die rosabraune ... Rosenblüte
Die Tautropfen glitzern silbrig
Der Glanz der untergehenden Sonne
ergiesst sich ... über unsere Körper.

Unsere Lippen ... saugen das Salz des Lebens
Wir berauschen uns ... am Duft der Leiber
Geniesse meine ... herbe Süße
Das Blut rast ... im haltlosen Strom
... bis hin zur Mündung
Ich lasse mich treiben ... bis
zum Eingang ... meines petite mort ...

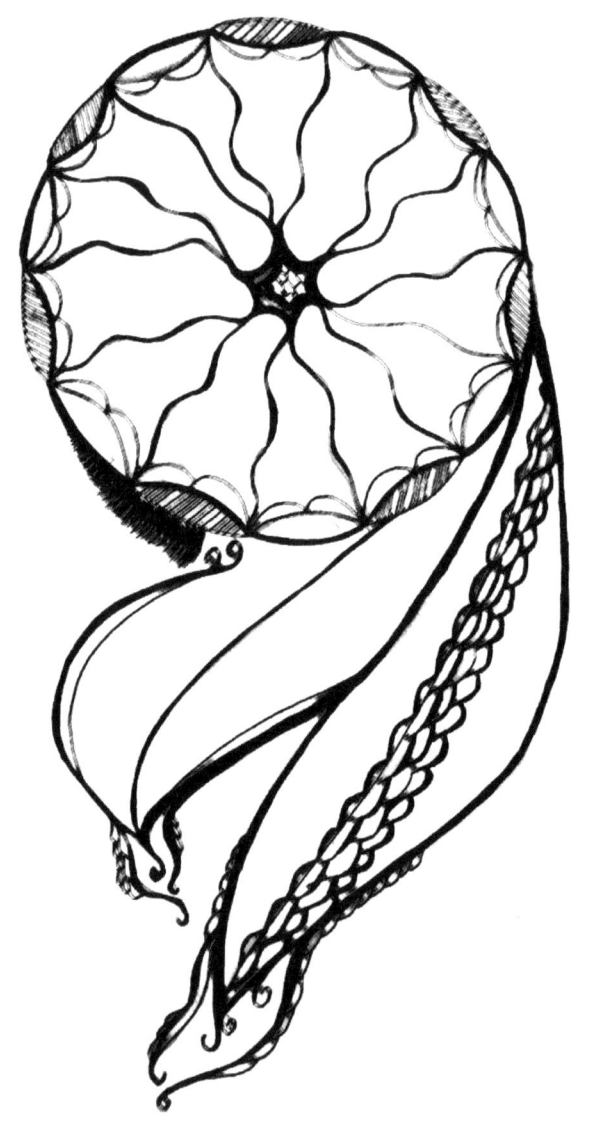

Gib mir einen Augenblick

Die Stille raubt mir ... den heillosen Schlaf
neue Lichter blitzen auf ...
Ich habe das leichte Gefühl
mich in meiner Poesie ... verirrt zu haben
Gib mir einen Augenblick
der so lange geht ... bis meine Gefühle
in Deinem Herzen ankommen
bis die Spuren Deiner Eskapaden
mich als Seelennarben wieder verlassen ...
Gib mir einen Augenblick
der noch länger dauert ... bis Deine Gefühle
mich vollkommen erfassen ...
mich an Haut an Haut Momente erinnern
wenn wir uns beide aufbäumen ... wie im Ertrinken
und sich unsere Lust .. in süße Tröpfen
zwischen meinen Blätter niederschlägt ...
Gib mir einen Augenblick
bis ich in Deinen Armen versinken kann
Dich nicht mehr verlassen will ...
bis die Worte abbrechen ... und stehen bleiben
bis wir auf den Wellen des Lebens ... treiben
und das Feuerwerk der Gefühle ... entzünden
bis nach dem Frühling ... gleich der Winter kommt
Gib mir einen Augenblick
bis Du endlich raus findest ... das es kein Brief war
in meinen Augen
sondern ... nur meine schweigende Liebe ...

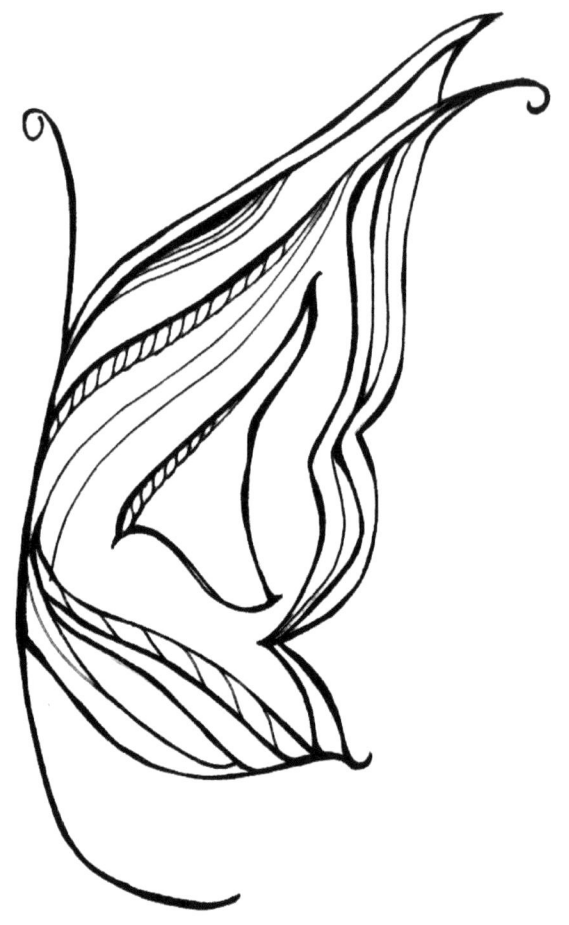

Bewegung

Alles ist Bewegung ...
das Herz pulsiert zu schnell
ein Stromschlag durch`s Blut
ein Blick ... in dem ich mich verlaufe
und mein Atem wird ... Sturm

Alles ist Bewegung ...
es ist eine Begegnung ... der dritten Art
ein Augenblick der tiefsten Vertrautheit
Ich denke dass Deine Gedanken
meine Luft und mein Blut bewegen ...

Alles ist Bewegung ...
lasse alles fallen, sogar mich selbst
es gibt nur mich ...und Deine Gedanken
ich spüre was Du spüren willst ...
ohne zu wissen warum und wieso ...

Alles ist Bewegung ...
unser Kampf der Gedanken ...
sie stellen alles in Frage ... sogar das Leben
es ist eine Begegnung ... der dritten Art
von Dir zu mir, vielleicht auch zurück...

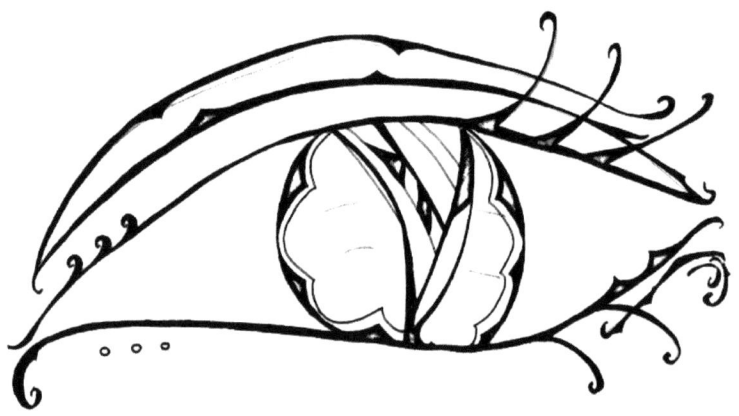

Farben der Liebe

Befreie Dich aus …
den Fesseln der Vergangenheit
Träume jetzt und morgen …
Ich schenke Dir meine Stille
Damit Du nicht verzweifelt
nach den Worten suchen musst
Wenn Du mir begegnest …
Lass nur die Gefühle sprechen
Lautlose Emotionen
Werden uns erfassen
Und sich unterhalten
Unsere Augen …
werden Blitze feuern
Bis … zum Kurzschluss
Und danach schweben wir
in unseren Gedanken
Bis wir daran ertrinken …
Sei meine Muse …
und lass mich dabei
meine Gefühle …
Auf Deiner Haut
Mit der Farbe der Liebe
wortlos malen …

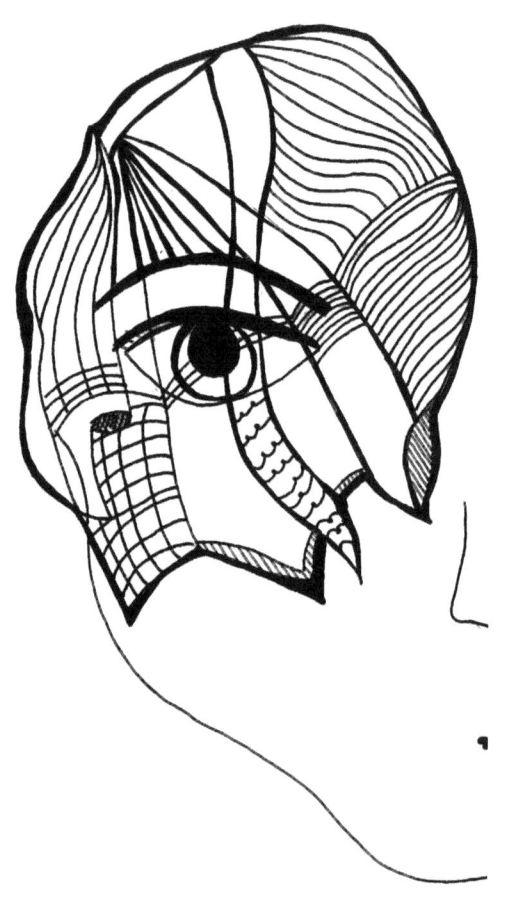

Im Schatten ...

Im Schatten ... meines Herzens
stehen ... in sich ruhend ... meine Gefühle
die so oft versuchen
den Weg zu Dir ... zu finden
Im Schatten ... meiner Gedanken
stehen ... auf Wolken reitend ... meine Träume
die mit einem verzweifelten Versuch warten
sich endlich ... zu verlieren
Im Schatten ... meiner Sonne
steht ... wie immer ... meine Nacht
die mich ... mit ihren dunklen Flügel
umringt und schützt
(Ich kann nur lachen ... wenn ich
auch mal weinen darf)
Im Schatten ... meiner Tränen
steht ... versteckt ... mein Lächeln
zusammen mit meinen süßen Erinnerungen
das nur darauf wartet
den gleichen Weg ... zu Dir zu finden
Im Schatten ... meiner Zeit
steht ... nur noch ... unser Augenblick
auf Rosenblätter fliegend ...
brüllend laut die Gefühle
mit dem Duft der Liebe dazu
(ein Duft der mich versklavt)
heisse Impulse durchtanzen mein Leib
unseren Anfang ... erneut suchend
Wo Gedanken schweben ... zwischen Körper
die sich noch nicht kennen ... oder doch?

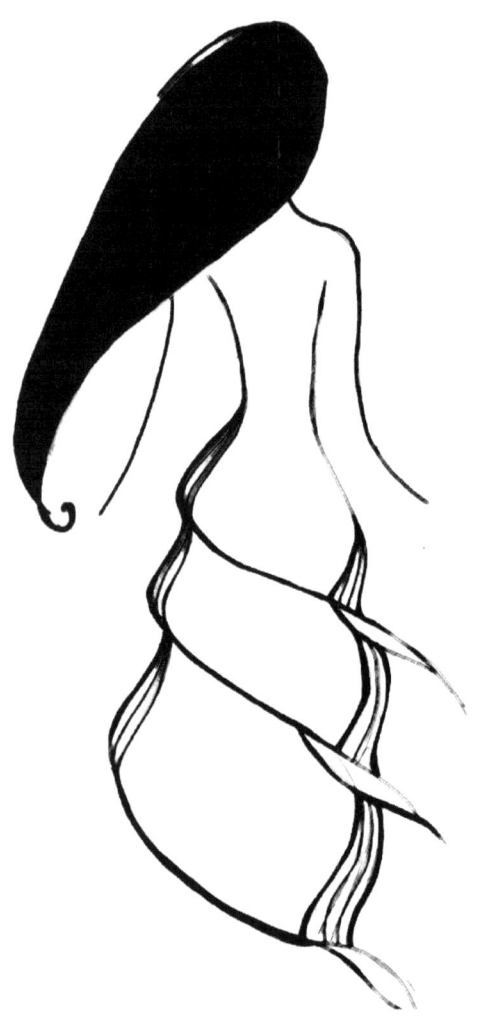

Ich fürchte ...

Das Feuerwerk ... langgehegter Lust
die überschäumende ... Zärtlichkeit
Der Sturm meines ... unbändigen Verlangens
bis hin zu der ... unbegreiflichen Unendlichkeit
Alles schreit nur nach Dir ... und mir.
Ich fürchte ... wie immer ... Dein Kommen.
Ich öffne mich ganz ... und nur für Dich.
Lasse Dich in meinem warmen Bett
fallen ... liegen ... atmen ... träumen.
Bei jeden neuen Atemzug ... erwache ich
will Dich ... im Taumel der Angst ... besitzen.
Es ist nur mein Schatten ... der mich trägt
und nicht zu Dir sprechen kann ...
Dein funkelnder Blick
sein Licht ... erreicht mein Blut.

Es regnet Sterne in unserem Traum,
unsere Münder ... sprechen spröde Wortgestalten.
Kometengleich leuchtest Du ... in meinem Herzen
und jedes Wort verlässt mich ...
mit einer neuen Narbe.
Der spröde Dialog ... so bunt und feucht
bricht alle Gedanken ... verführt Dich
bis hin zu der ... zu Deiner Gedankenlosigkeit
meine nächtliche Extase ... lässt meine Seele
in Dich hinein fließen.

Bei jedem Atemzug ... erwachen neue Gefühle
sie beißen sich an mir fest und flüstern mir
Deine Wünsche und Deine ... ungezügelte Lust.
Folge meinem Puls und meiner heissen Laune
sauge den Vulkan ... der sich dabei erbricht
Schlürfe ihn ... unerbittlich unersättlich leer
gnadenlos und glorreich zur gleichen Zeit.
Ich fürchte ... wie immer ... Dein Gehen
ich würde dich danach ... Ruhen lassen
alles zusammensetzen ... was uns verbindet
Deinen wahren Frieden ... finden
mit dem lieblichen Duft der Hoffnung
als Wegbegleiter ... in dieser anderen Liebe.

Verboten

Im Sekundentakt
spalten sich ... meine Gedanken
Liebe und hasse Dich ...
zur fast gleichen Zeit.
Tief in meinem ... Inneren
Schlummert eine Erinnerung
Im Nebel ...
meiner vielen Gedanken
schmilzt der Sinn ... wie Eis.
Wie komm ich bloß ... von mir los?
Die Melodie ... meines Gefühles
will das Salz ... deiner Augen
jede Träne ... gehört nur MIR
ich schmecke ... die Hitze
deiner Atemlosigkeit ...
bis zum letzten Zug.
Noch ... ist mein Verstand
von Dir ... noch nicht besiegt
Die Zeit ist jung ...
und voller Sehnsucht
Wie komm ich ...
von mir los?
Nichts erklären ... und nichts sagen
Zwinge mich selbst ...
in einem Korsett ...
der Gehorsamkeit
und die Verzweiflung
... die wird verboten.

Geburtstag

Hochsommer... helle Nacht.
Ich träume den ... unerfüllten Traum
Geburtstag ... ohne Rosen ... ohne Geschenk.
Mensch pur ... verpackt in reiner Seele
sinnlich, romantisch ... duftend nach Liebe.
Sinke ... kalt ... in Deinen Armen
und werde warm ... werde Flamme.
Berühre zärtlich Deine Lippen,
und träume weiter ... werde warm.
Spüre Deine Augen ...
die sind mein ... Untergang
sie fühlen ... meinen Schmerz
und meine ... verzehrende Sehnsucht
dem Unausweichlichen ... aus dem Weg zu gehen.
Die Essenz ... unserer Liebe
verschleiert das Herz
die Haut .. spielt verrückt
es brennt und ... prickelt weiter
Ich öffne meine Augen ... und träume weiter
die Nacht wird dunkel ... sie wird schwarz
Mensch pur ... zu meinem Geburtstag
keine Rosen ... nur Liebe ...

Wortwechsel ...

Schenke mir Deine Flügel ...
für die Flucht ... aus Deinen Gedanken
Lass mich gehen ... und halte mich fest zurück
bis das Denken ... Atemnot kriegt
wenn es Dich ... riecht
Ich zelebriere Gedanken ...
Hauch schreckt auf Hauch
meine Augen bleiben geschlossen ...
ich kreise nur ... in Deinem Kopf
Ich fliehe ... einem Regenbogen entlang
erlebe meinen Wahnsinn
in den Puls ... Deines Lebens
Lass mich ... mich in Dich verlieren
oder auch ... an Dir verbrennen
Ich hasse Dich ... und liebe Dich
für das Tier ... was Du in mir erweckst
Meine Unendlichkeit ist nicht genug ...
um weiter zu träumen
Du kennst ... die Qual die mich würgt
wenn ich ... von Lust befreit
von Dir und mit dir träume
Wort an Wort ... hintereinander
Schenke mir Deine Flügel ...
für die Flucht ... aus Deinen Gedanken

Liebesbrief

Unsere Nächte, sind durstig und schmecken nach Salz
Ich stelle mich, wie immer in Frage ...
und verlaufe mich,
weich hinschmelzend ... in Deinen Augen.
Habe soeben beschlossen ...
mir Deine Liebe in geteilte kleine Einheiten ... zu holen
und Deine Gefühle in kleine warme ... Tropfen.
Mein Herz ... öffnet Dir ihre letzte Türe
die schon längst verschlossen war ...
Vorbei ist die Zeit – des Sehens
für diese Sekunde ... Verlust meiner Sinne
meine Gedanken verströmen sich
in Deiner stillen Ekstase,
Deine Lust ... bezwingt mich für alle Zeit!!!
Im Schatten meines Körpers ,
entzündet sich ein neues Licht
ich entsteige dem Scham meiner Lüste ...
betäubt von Deiner Macht
meine Gedanken wandern herab ...
und suchen ihren Weg
lassen die Knospen kreisend erblühen
rauschend, lockend, zufließend
und vergraben sich in meinem Schoß
Hilfe ... Du züchtigst mich ... mit weicher Hand.
Dein Brennen ... lässt einfach nicht nach
Ich drohe zu explodieren,
wollte eigentlich schon längst landen ...
und Dich meine fruchtige Süße dabei schmecken zu lassen.
Mein Körper ... in sich selbst verschlungen
durstet nach Deinem Blick ... der allen Hunger stillt
Der Blick der meine Häute und Spalten erkundet
der auch ... bis in den letzten Winkel eindringt.
Ich vernehme den Klang deiner Seele ...
Lasse mich bitte ... Dich nur eine Sekunde lang atmen
die nächste bin ich wieder träumend alleine ...
Schweigende Wände ... alles ruhig
diese Stille verschluckt jede Bewegung
sogar das Licht ist leise ...
Lasse mich fliegen – bis dahin – zum Anfang
zum Anfang ... unserer Nacht
oder unserer Realität ...

Am frühen Morgen ...

Am frühen Morgen ...
bevor die Sonne ... das Gras trifft
bevor die Nacht ... zum Tage wird
Stumme Gedanken ... schreien mich an
Wo steht denn das geschrieben ...
Wohin mein Weg
mich führt und trägt ...

Am frühen Morgen ...
bevor die Sonne ... das Gras küsst
bevor die Nacht ... zum Tage wird
Mein Herz ... es brennt
Und ich warte ... auf mein Wunder
Ich spüre diesen Schmerz
und die Qualen ... die mich würgen
von dem Begehren ... das mich treibt

Am frühen Morgen
bevor die Sonne ... das Gras liebt
bevor die Nacht ... zum Tage wird
Ich lebe und fühle ...
Finger gleiten ... verloren auf meiner Haut
Vergesse heute und morgen
Lass mich bitte ... ertrinken
an Deinem Saft ... der Liebe

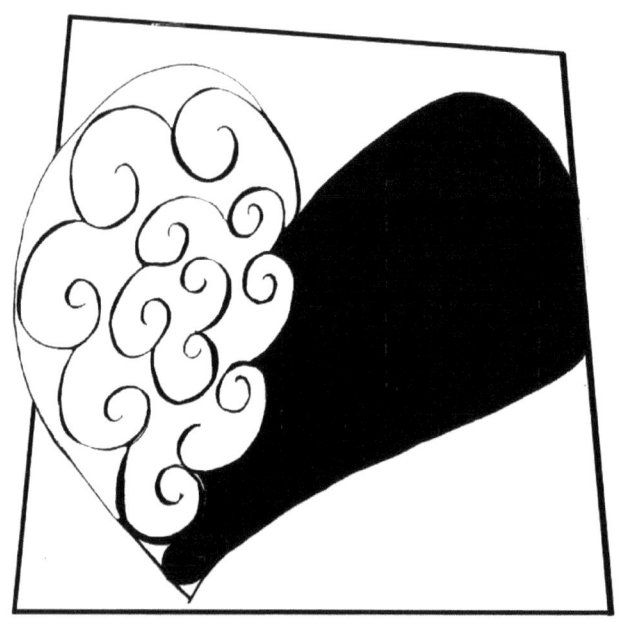

Einsamkeit

Im fernen Reich des Rauschens ...
zwischen Dunkelheit und Sonne
wo Gefühle schweben ... zwischen zwei Körper
wo Gefühle wandern ...

Am Halme der Leidenschaft ... festhaltend
Die innere Seelenruhe ... störend
Fliege ich flüchtend ...
oder flüchte ich ... im Flug?

Sucht nach Berührung?
wo Narben sich erneut öffnen ...
die ich schon längst verschlossen glaubte?
Sucht nach Dir...

Ich gleite rasend ...
zwischen den Zeilen und verliere die Worte
Der Rhythmus ... der Gedankenfolgen
findet nicht den Takt ...

Tränen ... durchsichtig wie Glasperlen
prallen auf meiner Haut
und verschwinden in den Poren
... meiner Einsamkeit ...

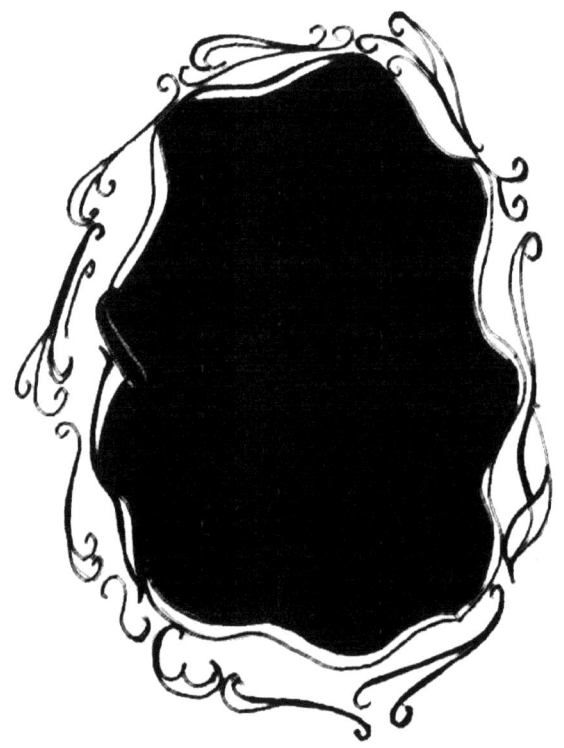

Deine Dienerin ...

Wohin geht Dein Traum
nachdem ... er bei Dir war?
Kommt er zu mir ... und fragt
Darf ich rein und Dich besitzen?

Lasse ich das zu ... den Weg
meiner Gedanken ... erneut zu verändern?
Darfst Du ... für einen Atemzug
bei mir verweilen?

Traum für Traum
Tag an Tag ... immer mehr
Unbekannte Ketten ... um mich
noch fester zu schlingen

Bis mein Leib ...
sich ganz zerschunden fühlt
bis mein Kopf ... erschüttert und zerschlagen
diesen Kampf ... freiwillig verlässt

Bis mein Spiegelbild
nicht mich ... sondern Dich zeigt
Bis ich mich ...
zu der Willenlosigkeit ... verführe lasse

Bis ich den Kampf ...
gegen alle Gefühle und jede Realität
freiwillig aufgebe und ...
Deine Dienerin werde ...

Tristesse

Begleite mich ... auf meiner Flucht
Habe mich ... fürs Dunkle entschieden
Baute mir ... einen neuen Ort
in meinem Kopf
Entfernte mich ... von meinem Sein
Dem Monde ... so nah
Der Sonne ... so fern

Besuche mich ... in meiner klaglosen Kälte
Ich warte ... auf eine stille Umarmung
jedoch voller Liebe
Im Land des Vergessens ... will ich wandeln
In einem Land ... frei von Fragen
Dem Monde ... so nah
Der Sonne ... so fern

Halte mich ... brich Dein Licht an mir
und finde mich wieder
An einer Front ...
wo es nichts zu kämpfen gibt
Bleib ... wo immer Du auch bist
in Deinem Lande ... Tristesse
Dem Monde ... so nah
Der Sonne ... so fern

Schritte ...

Bist immer ein Schritt voraus.
Eine Sekunde vor der Zeit ... welcher Zeit ?
Versuche immer wieder zu rechnen
August, September, Oktober ...
oder schon ein Leben lang?

Bist eine Welle aus meinem Meer,
ich das Ufer mit Felsen ...
bist immer die erste Welle
im Sommer oder Herbst
schon ein Leben lang ...

Sogar Gedanken sind schon da
bevor sie erst entstehen ...
bist immer ein Wort voraus
(das magische Wort)
das keiner aussprechen will ...

Aber bestimmt das Wort, davor
und das letzte danach ...
Zu denken, es macht keinen Sinn
Bist immer schneller, holst mich ein
bevor ich zu grübeln gedenke ...

Zu rechnen, macht auch keinen Sinn,
Oktober, November
... nein, bist immer ein Schritt voraus
davor und für immer danach ...

Nimm mich mit …

Nimm mich mit … im Deinem Traum
Küsse mir … einhundert mal …
Stück für Stück … den ganzen Körper
Flüstere mir … ins rechte Ohr
Deine heisse Leidenschaft … Deine Gelüste
die bisher niemand hören durfte!

Nimm mich mit … in Deinen Gedanken
Berühre mich … und meine Hingabe
auf die Du eigentlich … schon lange wartest
Lass sie … zur Leidenschaft werden
bis die Haut … zu brennen anfängt
und diese Feuer … meine Lust entzündet!

Nimm mich mit … in Deinem Herzen
öffne dafür … eine längst vergessene Pforte
Lass mich rein … und nicht mehr raus
ich werde dabei… am Meer unserer Küsse ertrinken
und nur noch wilder werden … ich bin
Dein Tier … das Du nun zähmen wirst!

Nimm mich mit … in Deiner Seele
ich werde dabei … vor Zärtlichkeit an Dir erliegen
Dich mit meiner … Sinnlichkeit berauschen
und vielleicht … ganz tief darin versinken
um Deinen Herzschlag … still zu hören
Und wenn es geht … will ich … nie wieder gehen!!!

Begehre mich...

Wellen schlagen sanft ... ans Ufer
Rollen zart zurück
Die Welt gehört heute ... nur mir
hinreissend unvernünftig ... frei von Last

Lass mich an Deinen Worten ... wärmen
mich von Deinen Träumen ... tragen
Begleite mich ... ein Stück
Begehre mich ... und mein Feuer

Lass mich ... in Deiner Extase
fallen und ja ... sogar schweben
Da wo das Meer ... den Himmel trifft
Begehre mich ... und meine Berührung

Finde und verliere mich ...
Klaglos träumend ... schamlos schmutzig
Lust und Schmerz .... im gleichen Atemzug
Begehre mich ... frei von Fragen

Schau mich an... mit Deinem Herzen
ohne dunklen ... Gedanken
keine Zweifel und kein Zögern
Begehre mich ... und meine Leidenschaft

Kein Laut ... gibt Dir ein Zeichen
Geniesse nur ... diese heisse Stille
und meine ... verbotenen Gedanken
mein Honigmund ... wartet auf Deine Lippen

Hunger

Das dunkle Dämmerlicht
schickte geheimnisvolle Schatten
meine Nacht war ... von Gedanken zerrissen.
Verfluchter Traum... er hinterlässt ... ein Zeichen
Ich bin dabei ... in Stücke zu zerfallen
Deine Hände wandern,
wie ein Kolibri ... mit Flügel und Herz ...
der fieberhaft herumflattert
und nicht landen will ... oder kann.
Ich versuche wach zu werden
und vielleicht ... daran teilzunehmen.
Wange ruhte immer noch ... an Wange
innerhalb von Sekunden ... gibst Du alles
und forderst ... genau so viel dafür ...
Deine Lippen ... berühren mich
wie die Flügel ... eines Vogels
Dein Blick ... schneidet Narben
in meiner Haut !
Ich habe Angst ... vor Schmerzen
und vor der ersten Berührung
sogar vor dem ... Abschied danach .
Es wird kein Erkunden geben
sondern nur noch Hunger ...
HUNGER
nach Liebe und Hoffnung ...

Fest der Sinne

Ich lasse mich in Deinen Ketten fallen
Gedanken für Gedanken, ich sammele sie alle wieder auf...
Nicht denken, handeln, einfach machen ...
Begleite mich ein Stück ... auf meinem Fest

Genieße meinen Traum
und noch mehr Deine Lust
Wenn ich Dich sehen lasse ...
Was Du niemals sehen wolltest ...

Mich schaffen ohne ... Schaden
Mich lieben ohne ... Schmerz
Mich erkennen ohne ... Gefühl
Mich schmecken ohne ... Zunge

Gieriges Verschlingen ...
Brennende Begierde in unserer Mitte
Die Heimlichkeit ... mein bester ... Freund
Sehnsucht und Hoffnung ... bleiben da versteckt.

Mein (be)rauschendes ... Fest der Sinne
Nicht denken, handeln, einfach machen ...
Ich versuche ... Dich nur ...
mit Buchstaben ... zu zeichnen!

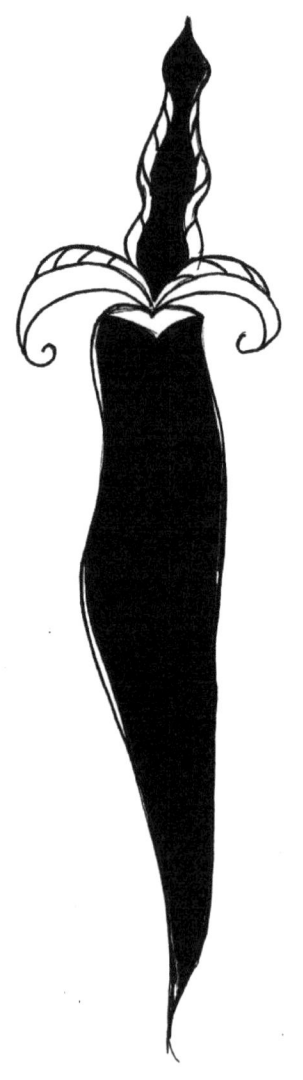

Unbekannt trifft Unerwartet

In dieser, oder einer anderen
doch so einsamen Nacht
in der ... unsere schwellende Begierde
unseren Atem ... verschlägt
und wieder mal ... keine Ruhe findet
ist Unbekannt ... auf einer Reise
auf der Suche ... nach Unerwartet.
Das Sehnsuchtmassaker ... gibt keine Stille
und unser Atem ... liegt nebeneinander
Jede Bewegung ist ... wie ein Messerstich
der von blutendem Vertrauen zeugt
Unbekannt hat Unerwartet ... getroffen
Bedingungslos, Grenzenlos ... Zweifellos
Abschiedslos, Seelenlos ... Alleslos
neue Lichter gehen an ...
eine Himmelfahrt ... unserer Gefühle
bis ganz oben und ... ganz unten
und gleich wieder ... zurück
Unbekannt trifft Unerwartet
und will nie mehr zurück
ja, dieses andere Leben wirft keinen ...
unbekannten ... unerwarteten Schatten

Alte Freunde

Wir verhalten uns still und fremd zueinander,
jeder in sich zurückgezogen,
ich kann nicht tief genug atmen
ich fürchte mich ...
diese zeitlose Stille zu zerstören ...

Lautlos, ohne Worte ...
öffne ich die Pforten meiner Sehnsucht
bin in Deinem Blau ertrunken ...
es ist in Deiner Macht
mich am Leben zu lassen ...

Meine Phantasie,
sucht nach erklärenden Bilder
was ist es ...
in Deinem tiefsten Inneren
was mich kennt?

Durch Deine Handfläche ... beginnt
Dein Blut und Deine Wärme
mich zu überfluten ...
meine Hand hebt sich
fasst behutsam Dein Gesicht

Meine Berührung ...
verbannt alle Deine Gedanken
die vielleicht in Deiner Phantasie tanzen
Wir sind alte Freunde ... in einem neuen Land
wir sind Liebende ... und wir feiern unser Geheimnis ...

Wir fangen an ... uns zu küssen
Wir sind uns ... der Reise,
die wir angetreten sind ...
möglicherweise gar nicht bewusst
Unsere Lippen lassen sich Zeit ...
unsere Träume auch ...

Nimm alles!!!

Leise schließe ich die Tür
vor dieser Welt ...
schiebe einen großen Riegel vor
und habe Deine Bewunderung
in mir ... verschlossen.
Mein Denken,
ist zum Stillstand gebracht,
ich mich Dir ganz gegeben.
Es gibt keine Schuld,
nur Mangel ... an Liebe.
Nimm, nimm Alles!!!
Meine Lügen ... mein Feuer
meine Gedanken ... an Dich
mein Schicksal,
meine Umarmung,
als würden Dich zahllose Arme,
in der unendlichen Fülle der Liebe,
umklammern.
Nimm, nimm Alles!!!
Mein Leben, die Fortsetzung
Deiner Liebkosungen,
meine Phantasien, Hass und Liebe,
nimm, aber bleib bei mir
für immer !!!

Ich dachte …

Gedruckt auf ein Blatt Papier
liegen nun …
meine Erinnerung an vergangene Tage
Es regnet gerade … mit meinen Tränen
ich ertrinke darin
und vermisse Dich und Deine Stillen Worte
ohne Echo...
So oft .. fragte ich mich
wenn Du zu mir kommst
willst Du mich finden … oder Dich selbst?
Willst Du …
aus schon längst vergessene Träume
neue Bilder entstehen zu lassen
um mit Ihnen … und mit mir
in Deinen neuen Gedanken … zu spielen?
So viel Hingabe
hätte ich Dir schenken wollen …
Ich dachte eine erstaunliche Tiefe
in Deinen Gedanken gefunden zu haben
eine Sturmflut von Worten …
verführerisch und gefährlich zugleich
Ich dachte … nix würde mich davon abhalten
den Raum zwischen uns zu überwinden
Du warst … das eine Heim
wohin sich meine Seele … betten konnte
Du warst … der neue Weg
den ich einschlagen wollte
und gleich mein Anker
der sich in mein Herz frisst
Bin noch immer zu wach um zu vergessen
und ohne Antworten …
auf meine Fragen.

Lass uns fallen ...

Lass uns fallen ...
in einem Meer ... der Einsamkeit
in einer noch nicht entdeckten ... Welt
in einem geheimen ... Versteck
Irgendwo ...
Am Anfang ... unseres Anfanges

Lass und fallen ...
in einem anderen ... Himmel
uns verstecken ...
hinter ... den Gedanken
Irgendwo ...
am Anfang ... unserer Träume

Lass uns fallen ...
der Schlaflosigkeit ... zuhörend
die Liebe ... spürend
dem Körper ... folgend
Irgendwo ...
am Anfang ... unserer Liebe

Gedanken ...

Gedanken strudeln ... im Uhrzeigersinn

Die Erinnerung ... ändern

Kein Platz für ... Worte

Kein Versteckspiel ... auf dem Weg

Zu einem anderen ... Geheimnis

meines Seins.

Zu wach ... um zu vergessen

Zu müde ... um zu schlafen

Des Wartens ... müde

Der Regen ... redet schnell

Die Tränen ... schreien stumm

Die Stille ... kommt hoch

und greift an.

Fragen ...

Fragen ... ich lese sie in meinem Gesicht
Gedanke für Gedanke ... sammele ich auf
Bin heute ein Orkan ... der alles bewegt
Nach jeder Gedankenwelle
füge ich Stück für Stück ... eine neue dazu

Fragen ... ich lese sie in meinem Gesicht
heute gehört sie noch mir ... diese Welt
Werde ich sie ... auf diesen Wellen treiben lassen
und am Hafen der Lügen ankern
Antworten ... ich kann sie selbst nicht finden

Fragen ... ich lese sie in meinem Gesicht
Oder bestelle ich mir ... ein wenig Glück
bei den Hütern des Paradieses ...
Heute – Hier – Jetzt
Ich glaube nicht ... nicht an Zufälle

Fragen ... ich lese sie in meinem Gesicht
Resignation ??? Vielleicht ...
Doch nein ... neue Wege wollen gefunden
und neue Sekunden wollen ... gelebt werden
Ich glaube nicht ... nicht an Zufälle
Aber ich glaube an Schicksal

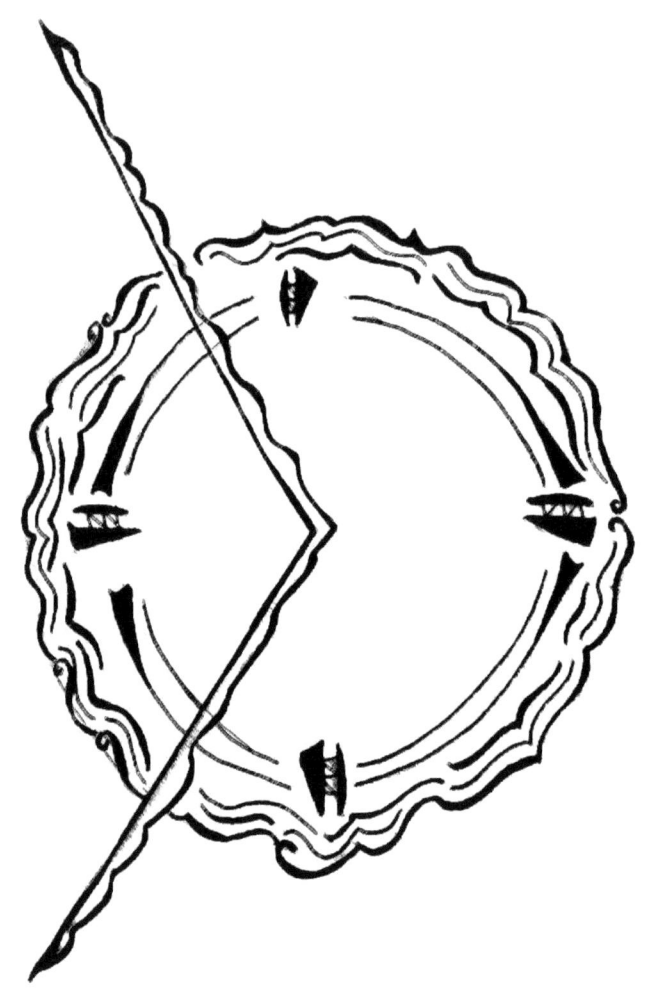

Warten …

Unsere Zeit verfliegt …
ein Rädchen nur … im Uhrwerk der Natur
Am Anfang … aller Geschichten
spielt sich … meine Sehnsucht ab

Die Sehnsucht …
die ich fühle … ist nicht für mich
Will nur das … was ich nicht haben kann
und … lässt Dich niemals ganz gehen

Der kalte Winter …
bringt mein Herz … zum stehen
Schreie das Schicksal … laut an
vermisse Dich … immer mehr

Nur die Wünsche …
gehen am Ende … nie zu Ende
Es liegt … in meiner Natur
Auf Dich … zu Warten

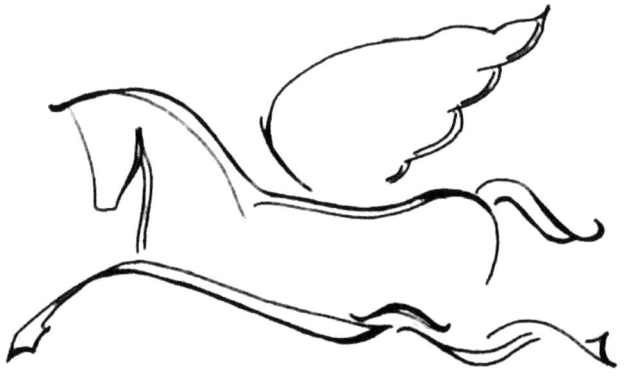

DAS LEBEN...

Das Leben …
fängt jeden Tag
mit neuen Gedanken
Kurz wie Träume …
Lang wie Fantasien …

Das Leben …
fängt jeden Tag
mit anderem Gewand
der Wahrheit …
zu ihrem Recht verhelfend …

Das Leben …
fängt jeden Tag
mit alten Hoffnungen
auf der Suche nach …
der perfekten Perspektive …

Das Leben …
fängt jeden Tag
mit fremden Begegnungen
die Tiefen der Gefühle …
neu entdeckend …

Das Leben … DIESES
wo Gefühle …
zwischen den Körper … schweben
Wo ist der Anfang?
Und wo das Ende?

Besiege mich

Unter dem Tau ... dieser Nacht
wandern alle meine Gedanken
wieder mal ... zu Dir.
Besiege meinen Stolz
entfessele meine Instinkte
Sekundenlang ... ist alles still
Unsere aufgebaute Perfektion
wird ... durch den Stoß
unseres Blutes ... unterbrochen
Besiege meine Haut und meine Instinkte
Lass sie beide ... erschauern
heimlich und verschwiegen schön
mit der aufblühenden Schönheit
einer erwachenden Blume.
Es gibt ein Krieg ...
zwischen Dir und mir ... gegen uns
Du gegen mich ... ich gegen Dich
gegen unserer Liebe.
Besiege meine Gedanken
Lass mich ... keine Zeiträume mehr messen
Fast ohne Worte ... gebe ich Dir ...
im gleichen Atemzug ...
mich und meinen Absolutismus
In meinem ganzen Kosmos ein Zerrinnen
... still hilflos flehend
Ein Stille spendender Ort ... wegen der Sprachlosigkeit
zwischen uns und ...
unseren zerwühlten Gedankenfolgen
Lass mich ein Kind werden ...
ohne Sorgen und Kummer
Frei von allen Barrieren. ...
anders wie ... alles bisher
Gehst als Sieger - vom Felde der Lust
erfüllt nur von meinem nackten Duft
nach unserem Krieg ...
Die Stille meiner Gedanken
voller nichtiger Ängste und Sorgen
nimmst Du alle mit
Dann erst ... kann ich
nur noch
Dir und Deiner Welt
gehören ...

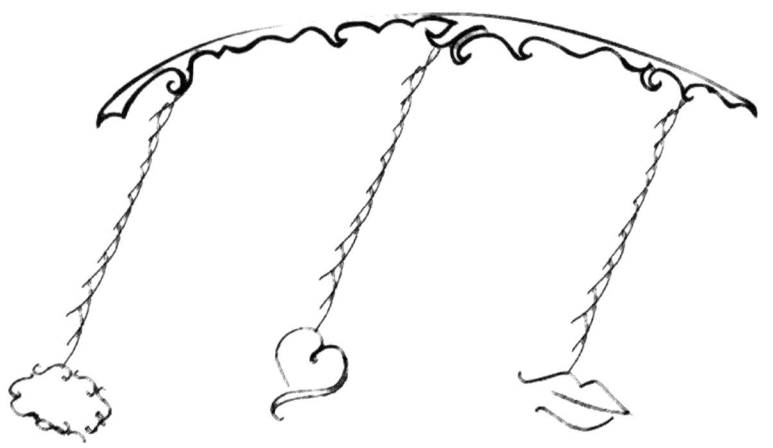

Letzter Atemzug

Ich habe so oft meine Gedanken
In Worte an Dich zusammen gestellt
Nun ist es fast an der Zeit
Das alles auch zu erleben
Wie mich meine Sinne
Zu verlassen versuchen
Wie sich alles
In einem magischen Karussell
Dreht und wendet...
Es ist das Karussell ...
meiner Gedanken und Gefühle
was Dich zu mir kommen lässt
meine Einbahnstrasse ohne Rückkehr
Das Wortspiel was Dich gefangen hält ...
Du wirst mit kecken Küssen empfangen
Mit einer Haut die nach Leidenschaft duftet
die nur nach Dir giert
und nach der Grenzüberschreitung
aller Gefühle ...
Bin ich Mensch und Frau
wenn ich auf Dich warte???
Oder einfach nur die ...
Ohne Erwartungen ... habe ich versprochen
Und wenn dann eine ... nach Worten Suchende
und ... nur eine Träumende ...
Aber ich bleibe still und atme Dich ein
Als wäre es der letzte Atemzug sein
den ich je haben darf ...
Wenn es Dich nicht gäbe
Würde ich nicht hier sein können ...
Die Angst ... Deiner Nähe
Lässt meine Gedanken schweben
Sie flüchten federleicht
Und lassen mich wortlos leer
Das Zittern des Herzens
Ist lauter als mein ... Atemzug